NOTICE

SUR L'ABBAYE

DE BELLE-ÉTOILE.

NOTICE

SUR L'ABBAYE

DE

BELLE-ÉTOILE,

ARRONDISSEMENT DE DOMFRONT,
DÉPARTEMENT DE L'ORNE,

Par M. Hurel,
Régent au collège de Falaise.

(Extrait des recherches sur Tinchebray et ses environs.)

L'ABBAYE de Belle-Étoile, ordre des Prémontrés, à un
myriamètre de Tinchebray, vers l'est, et vingt-cinq kilo-
mètres nord-est de Domfront, était assise dans une
tiède vallée, entre deux monticules dont les formes
sauvages se dessinaient dans ses vitraux coloriés. De
beaux étangs, des bois giboyeux, des plateaux fer-
tiles formaient autour une ceinture riante et sacrée;
mais remontons à son origine.

Quand la réduction des châteaux de Domfront et
de Mortain, par les troupes de Philippe-Auguste,
(1211, 1212), eut anéanti les dernières espérances
des mécontents de Basse-Normandie et complété la
réunion de notre province à la couronne de France
(elle en était détachée depuis trois cents ans), quelques
seigneurs féodaux rentrés dans leurs castels occupè-
rent encore leurs loisirs à bâtir des abbayes: de ce
nombre fut Henri de Beaufou, seigneur de Cérisy.

Cette famille se rattachait par les femmes à celle
des ducs de Normandie, et jeta un vif éclat sous leur

1841

règne (Guill. de Jumiège , liv. 7). Robert de Beaufou accompagna Guillaume de Falaise à la conquête d'Angleterre , 1066. Son fils suivit Robert , fils du Conquérant, à la première croisade, 1096, et fut fait prisonnier avec lui à la bataille de Tinchebray, 1106 ; Richard de Beaufou , d'abord chapelain de Henri 1er d'Angleterre, fut évêque d'Avranches de 1134 à 1142. Richarda de Beaufou, troisième abbesse du Parthénon des Moutons, près d'Avranches , siégeait vers 1160. Henri , qui nous occupe en ce moment, figurait parmi les soixante-dix-sept chevaliers bannerets de Normandie du temps de Philippe-Auguste. Ce prince, dont il avait un des premiers reconnu l'autorité, contestée, lui donna souvent des marques d'estime et de confiance.

Le sire de Beaufou avait résolu de bâtir une abbaye, à la prière de son épouse, Edicie, fille de Richard de Rorinville (Cart. de Bel.-Etoil.) ; mais il ne savait où l'asseoir , quand le ciel fixa ses incertitudes en laissant apparaître, *au milieu du jour , une étoile que son épouse aperçut dans une fontaine du voisinage.* Le monastère s'élèvera dans ces lieux , et le nom de *Belle-Etoile* rappellera à la postérité sous quels auspices il fut fondé.

Tel est à-peu-près le récit de l'auteur de *l'Essai sur l'histoire de Domfront.* Ce qu'il y a de malencontreux, c'est qu'il ne s'appuie sur aucune autorité bien connue. Le révérend père Desmontiers, qui visita ce monastère en 1641 , pour recueillir les matériaux de sa *Neustria pia,* ne fait aucune mention de cette étoile merveilleuse , et cependant , il en eût recueilli la tradition avec le plus vif intérêt ; son œuvre en fait foi. La Gallia christiana rapporte , d'après les chartes, que le chevalier de Beaufou bâtit son abbaye dans un lieu appelé Belle-Etoile (*in loco qui dicitur Bella Stella*). Je suis fâché de ne pouvoir appuyer la légende, mais force est de dire la vérité.

De temps immémorial , des hermites consacrés à St. Jacques habitaient le versant occidental des monts de Cérisy , et luttaient péniblement contre les besoins d'une vie laborieuse , quand Robert , évêque de

Bayeux, et quelques personnes de distinction, obtin-
rent de Nicolas, abbé de Lonlay, et de son couvent,
qu'ils renonceraient à l'exercice de leurs droits sur cet
hermitage. L'accord fut fait à condition que l'on n'y
embrasserait jamais l'ordre de Citeaux (juillet 1213).

Il y avait trois ans déjà que nos hermites jouissaient
de cet avantage, quand Henri de Beaufou, à la suite
d'une entrevue avec de Monufray, leur supérieur,
les détermina à descendre de la montagne. Dociles à
sa voix, ceux-ci quittent l'antique hermitage, et par-
venus dans la vallée, défrichent un bois et commencent
à se bâtir des cellules. Mais ce fut bientôt le cas de
dire avec de vieux traducteurs de Virgile, les frères
d'Aigneaux, de Vire :

Ainsi pour vous, oyseaux, vos nis point vous ne faites,
Ainsi pour vous le miel vous ne brassez avettes....

car des chanoines de Prémontré, appelés de Luzerne
(*diocèse d'Avranches*), remplacèrent nos hermites,
qui reprirent sans murmurer le chemin de leurs
montagnes et leurs exercices accoutumés. De Monufray seul, laissant le capuchon des hermites pour la robe
blanche des Norbertins, reçut la crosse abbatiale et
dirigea les travaux de l'abbaye naissante.

CHARTE DE FONDATION.

« Qu'il soit connu à tous présents et à venir que
« moi, Henri de Beaufou, chevalier, j'ai donné et
« donne à l'abbaye de Ste-Marie-de-Belle-Etoile et à
« ses chanoines réguliers, pour le salut de mon âme,
« pour le salut d'Édicie, mon épouse, pour celui de
« nos pères et de nos successeurs, le lieu où est
« l'abbaye, le bois adjacent, une pièce de terre
« *juxta haiam*, tout ce qui m'appartient dans le
« voisinage de l'abbaye, sur le mont Cérisy et n'est
« pas inféodé ; la chapelle St.-Jacques, sur le mont
« et ce que je possède d'ailleurs dans la paroisse ; les
« droits de patronage et de présentation des églises

« de Mesniville, de St.-Martin-de-Bayende, de Saint-
« Ouen-de-Brocotte, et tout ce qui me revient de
« la succession de Richard mon frère. Cette donation
« faite sans réserve aucune, je l'ai revêtue de
« mon sceau. » Sigillo munivi. (Les armes du sire de
Beaufou étaient d'argent à un lion rampant de gueules
billeté d'or. *Dumoulin.*)

Robert, évêque de Bayeux, confirma par une
charte cette donation, 1216; l'archevêque de Rouen,
qui se trouvait à Luzerne au mois d'août, 1217,
non content de la confirmer aussi, menaça des cen-
sures ecclésiastiques quiconque troublerait les religieux
dans l'exercice et la jouissance de leurs droits. *Quod
si quis facere præsumpserit ecclesiasticâ censurâ se
cognoverit percellendum districtius* (Cart *Bel. Stel.*).

De Monufray jeta les fondements d'un oratoire, 1216.
Henri mourut l'année suivante, 19 septembre. Edicie
acheva l'abbaye et lui abandonna, 1218, tout ce qui
lui revenait de son chef dans la paroisse. L'archevêque de Rouen et le roi de France, Philippe-Auguste,
confirmèrent les donations de la veuve de Beaufou,
qui mourut en 1234 et fut, avec son époux, ensevelie
dans le monastère. Henri, fils aîné de Beaufou, fonda
la grande église en 1238, et la dota richement. La
même année, donation fut faite à Belle-Etoile des
dîmes de Moncy.

Une fois fondée, Belle-Etoile traverse le treizième
siècle sans rien offrir à l'histoire, ce qui donne à
penser qu'elle fut heureuse. Sur dix abbés qu'elle vit
passer, trois seulement sont désignés par leur nom de
famille. De Monufray, Jean; — Pierre; il promit à
Edicie que deux religieux *monachos* desserviraient
la chapelle de Cérisy; — Guillaume; — Richard; —
Duredent, Guil.; — Radulphe; —Richard; —Thomas;
— Augier, Rob. —Géofroy. La coutume de ne con-
signer dans les archives que le nom de baptême finit
avec le siècle. Dès 1302, en effet, on trouve J. de
St.-Georges; Rich. de Bon-amy, 1311; J. de Bro-
cotte, 1316.

En 1356, Belle-Etoile fut taxée à soixante-quinze
livres, par les Etats de Normandie, pour secourir le
roi Jean dans sa lutte contre les Anglais. Si l'ordon-

nance du roi fut exécutée à la lettre, on sait quel
était son revenu à cette époque, car elle dut être
taxée au dixième. La plupart des églises du val de
Noireau le furent aussi, sous l'épiscopat de Pierre de
Vilaines, entre autres, N. D. de Tinchebray à 10 livres;
Cérisy à 17; Chanu, que nos religieux desservaient
dès-lors, à 10 liv.

Après Robert III, on trouve Fréquepent, Jean. Il
appartenait à une famille italienne de la plus haute
distinction, et siégeait à Belle-Etoile, quand Henri V,
d'Angleterre, envahit la Normandie, confisqua les
biens de la communauté et les exploita jusqu'en 1422.
Guillaume de Beaufou, qui fit sa soumission à l'étranger,
eut part à ses largesses, 14 mars 1419. Ce gentil-
homme se montra, sans doute, fort généreux envers
le monastère fondé par ses pères, car on y célébrait
sa commémoration en ces mots : *Guillelmus de Beaufou, miles, fundator, 9 sept.* Le seigneur de Tinchebray, comte de Mortain, en avait reçu, dès le 6 juin
1418, la terre seigneuriale de Condé-sur-Noireau.
Saint Christophe, Beauchêne et Larchamp, figurent
souvent dans les chroniques, à cette époque calami-
teuse.

Ce fut pendant les premières années de l'invasion,
que le roi d'Angleterre fit sonder les monts de Cérisy
où il espérait trouver une mine d'argent : *mons ar-
genteus*, disent les anciennes cartes du diocèse de
Bayeux. Mais il renonça bientôt à une entreprise qui
n'était qu'onéreuse et faisait déserter les paysans
qu'on arrachait à leurs travaux.

Chaulier, qui aspirait au gouvernement de Belle-
Etoile, fut élu en 1422. Depuis long-temps déjà il
avait prêté serment de fidélité à l'Anglais; aussi ce
fut à lui que la remise de ses biens fut annoncée par
la lettre que voici : « Henri par la grâce de Dieu, roi
« d'Angleterre, héritier et régent du royaume de
« France et seigneur d'Irlande, à tous ceux qui ces
« présentes verront, salut. — Sachez que de notre
« grâce spéciale et pour que le service divin, et les
« autres pratiques de dévotion qui doivent avoir lieu
« dans l'abbaye de Ste.-Marie-de-Belle-Etoile, ne

« soient point interrompus, nous accordons à l'abbé
« et au couvent de ladite abbaye, nos amis en J. C.,
« tous leurs biens temporels et spirituels. Donné à
« Rouen, le 12 janvier, 1422. *Teste me ipso.* »

Michel Baoust siégeait à Belle-Etoile quand Henri VI,
d'Angleterre, par une charte datée de Tinchebray,
11 avril 1430, accorda aux religieux de Lonlay, dont ses
souldars avaient incendié l'abbaye, la dîme et le patronage de 17 paroisses dont les curés avaient refusé le serment; de ce nombre étaient Vassy, la Haute Chapelle,
St. Pierre-du-Regard, St.-Martin-de-Condé et Cérisy
même. Les chanoines de Belle-Etoile recouvrèrent leurs
biens, il est vrai, mais ils ne furent point dotés par
l'étranger. Rich. Becquet fut le dernier abbé nommé
par les Anglais. Il eut pour successeurs J. Hubert;
Pierre le Prince; Rich. Loison et Jean Gallier, à qui
Géofroy de St.-Germain, protonotaire apostolique,
disputa la crosse abbatiale. J. Gallier commença le
cloître en 1496; Thomas Chancerel, mort en 1531,
et J. Le Prince, l'achevèrent de 1501 à 1538.

Jusqu'à cette époque, les abbés de Belle-Etoile
n'avaient dû leur élection qu'à la supériorité de leur
mérite; à partir de ce temps, l'aristocratie de nais-
sance remplaça celle des talents et envahit les di-
gnités du cloître. Nous ne trouverons plus que des
familles d'une grande noblesse. J. d'Harcourt, fils du
baron de Beaufou, tint le premier l'abbaye en com-
mende pendant douze ans. Ph. de la Grainerie, in-
tendant de Marseille, conseiller et aumônier de
Henri II, prit possession en 1552, et resta jusqu'à
l'avénement de Henri IV. De la Grainerie traversa
les temps orageux de nos discordes religieuses. Son
nom rappelle un temps bien funeste à Belle-Etoile.
Ce fut pendant qu'il en jouissait, que les habitants de
Caligny, partisans de la prétendue réforme de Calvin,
pillèrent cette abbaye. Ils avaient à leur tête le capi-
taine St.-Sauveur, que *l'Essai sur Domfront* nous re-
présente comme *ayant été exécuté à mort quelques
temps après.*

Quand la Ligue divisa la France et y sauva le catho-
licisme, l'abbé de Cérisy embrassa chaudement son

parti, de sorte que Henri IV, qui n'était rien moins que ligueur, le chassa comme un traître (*ab Henrico ut perduellis proscribitur*. G. Ch.), confisqua tous les biens de Belle-Etoile, et en donna la jouissance à un officier calviniste, au baron de Larchamp, Antoine de Crux, 1589. De la Grainerie, disgrâcié par Henri IV, fut remplacé par Egide Busnel. Celui-ci n'eut pas assez d'énergie pour empêcher la dilapidation de son abbaye. Ses papiers, ses meubles furent emportés au manoir de Belle-Fontaine par le fougueux baron, qui se cantonna dans le monastère avec ses femmes et ses varlets, après avoir forcé les religieux à se retirer dans leur oratoire. Le Parlement, informé de l'état de Belle-Etoile, y envoya l'un de ses conseillers, M. de Turgot, et statua sur son rapport (27 janvier 1600) que les revenus de cette maison seraient employés à la relever de ses ruines, et que le baron calviniste serait forcé d'en *déguerpir*, sous peine d'une amende de 3000 écus. Malgré cet arrêt, de Crux continua de jouir de son bénéfice.

Pierre de Scaron, évêque de Grenoble, qui avait obtenu une bulle en 1620, se retira six ans après. Il eut la gloire de chasser de Belle-Etoile le calviniste contre lequel son monastère et le Parlement luttaient en vain depuis vingt-cinq ans. Viennent ensuite Jacques Gaudart ; P. Roussel, seigneur de St.-Egide et membre du Parlement de Rouen. Roussel favorisa de tout son pouvoir Augustin Pannier, envoyé par l'abbé de Prémontré pour rétablir la discipline qui s'était prodigieusement relâchée. Pannier trouva le prieur du cloître âgé de 104 ans. Belle-Etoile changeant alors de règle, en adopta de plus sévères qui furent enregistrées au Parlement de Rouen, 1630. Le réformateur de Belle-Etoile eut pour successeurs Jac. Charton ; — Cl. Le Chapelier ; — Th. Le Chapelier, sire de Burnonville ; — Ch. Le Mazoyer ; — P. de Villelongues et J. Gédéon Thinet d'Harmonville. Brosseau, chapelain ordinaire de Louis XV et de la Reine, fut nommé en 1738, et remplacé par M. de Rochefort, 1742. On trouve enfin J. de Condam ou de Condé ; Nic. Le Blanc et M. de Lestrade, vic.-gén. de Châlons-sur-Marne, qui, nommé par Louis XVI en 1784, siégeait encore à la Révolution.

Quarante-trois abbés, dont dix-sept commenda-
taires, ont gouverné Belle-Etoile l'espace de 575 ans,
depuis l'hermite de Monufray jusqu'à M. de Lestrade ;
nous en avons donné la série ; ils siégeaient à l'échi-
quier d'Alençon. Quant aux religieux, les chartriers
ne parlent que d'Isaac qui, à une époque incertaine,
composa un traité sur la messe, et de Jean de Crux,
de la famille des barons de Larchamp. Celui-ci se
rendit fameux par les services qu'il rendit à plusieurs
maisons de son ordre, dans lesquelles il rétablit la
discipline. L'abbé d'Ardennes entre autres, de Ville-
more, l'appela en 1595, et de Crux vint à bout de
rétablir le bon ordre chez lui, malgré les religieux
que contrariait la réforme, et qui le forcèrent deux fois
à la retraite. Ce fils de Belle-Etoile mourut en 1654,
âgé de 83 ans. Nous devons signaler encore Simon
Formage qui, devenu prieur de Chanu vers la fin du
dix-septième siècle, en reconstruisit à ses frais l'église
devenue trop étroite pour une population toujours
croissante. Ce religieux, mort en 1703, repose dans
son église sous une dalle en granit, dont l'inscription
rappelle le nom et la munificence.

L'influence de nos religieux ne se fit guère sentir
qu'à Chanu, qu'ils desservaient dès 1356, et à Moncy,
dont ils construisirent l'abside. Cérisy jouit encore des
foires dont ils avaient obtenu l'établissement. Quand
les seigneurs féodaux de nos contrées, les d'Arry de
Monsécret, les Guillaume de St.-Quentin, les Cham-
bernon de St.-Cornier, les Amondeville de Beauchêne
et autres, se dépouillèrent, au treizième siècle, de
leurs droits de dîme et de patronage, ils ne dotèrent
que le prieuré du Plessis, encore bien que Belle-Etoile
fût dans leur voisinage. Si on cherche la cause de cette
préférence, peut-être la trouvera-t-on dans la pro-
tection toute particulière que les évêques de Bayeux
accordèrent à une communauté fondée par l'un de
leurs prédécesseurs, Odon, frère utérin de Guillaume-
le-Conquérant, dotée par le Conquérant lui-même,
ses fils et petits-fils. Henri II, d'Angleterre, avait
commencé sa fortune chez nous, en lui donnant
l'hermitage d'Yvrande qu'il avait converti en prieuré

de l'ordre de St. Augustin. De ce poste avancé, le Plessis ne tarda pas à dominer sur le reste du val de Noireau. (Cet hermitage d'Yvrande, où fut ourdi le complot qui ouvrit les portes de Caen aux Anglais, 1105, n'est point dans le voisinage de Condé, comme le suppose l'annotateur de Robert Wace, mais bien à une petite lieue au sud de Tinchebray.)

Lorsque la Constituante, par son décret du vingt février 1790, sanctionné par Louis XVI le 20 mars suivant, eut supprimé les communautés, les religieux de Belle-Etoile se dispersèrent bientôt. Un seul, l'exemple de sa maison par son amour pour la retraite, sa piété et ses lumières, M. Le Bourgeois, resta dans le pays, et devint, au retour de la paix, curé de Chanu, où il est mort dans une grande vieillesse. Ce dernier fils de Belle-Etoile rendit un dernier service à Chanu en présidant à la reconstruction de son église, que les chasseurs de l'armée catholique et royale de Normandie, par un excès de précaution, avaient incendiée, pendant le siège de Tinchebray, en 1795.

La communauté une fois fermée, le gouvernement vendit ses biens et autorisa l'administration de Tinchebray à la dépouiller de ce qui pouvait servir au culte. Celle-ci fit enlever les barrières en fer de l'église, ses stalles, une arcade en bois qui soutenait un Christ mourant, une statue de Ste. Véronique, en pierre de liais et d'un beau travail, les tableaux sur toile de St. Augustin, de Ste. Cécile, de Sainte Marie l'Egyptienne, qui se voient encore à Notre-Dame. On en apporta aussi des orgues, mais grâce à l'administration du temps, ils furent dispersés; la bibliothèque fut en partie pillée, en partie portée au département.

Il ne reste plus de cet établissement que l'abbatiale, de construction assez récente. Après s'être prêtée successivement aux besoins d'une fabrique de couperose, d'alun, d'acide vitriolique, de savon et de tissus en coton de toute espèce, elle s'est fermée de nouveau. L'industrie semble inhabile à exploiter Belle-Etoile. Nous ne reproduirons pas ici ce que débite, à ce sujet, l'opinion populaire: un riche capitaliste pourrait bien la mettre en défaut.

La basilique, bâtie par Henri de Beaufou en 1238, avait conservé, sans aucune altération, les caractères de l'architecture du treizième siècle. Elle fut dévastée dans les jours orageux de la Révolution. En 1818, ses voûtes étaient tombées, ses murailles et ses colonnes rasées à hauteur d'appui; une ogive seule, debout à l'entrée du chœur et intacte dans toutes ses parties, contrastait tristement avec ces ruines qui devaient bientôt disparaître. La fontaine où la pieuse Edicie vit, dit-on, l'étoile mystérieuse, coule toujours fraîche et pure : la nature seule ne vieillit pas.

J. M. H.

www.ingramcontent.com/pod-product-compliance
Lightning Source LLC
Chambersburg PA
CBHW060736280326
41933CB00013B/2666